سکول - school 2
سفر - travel 5
ٹرانسپورٹ - transport 8
شہر - city 10
منظر - landscape 14
ریسٹورنٹ - restaurant 17
سپر مارکیٹ - supermarket 20
مشروب - drinks 22
کھانا - food 23
فارم - farm 27
کھار - house 31
لونگ روم - living room 33
باورچہ خانہ - kitchen 35
باتہ روم - bathroom 38
بچیاں نا کمرہ - child's room 42
کپڑے - clothing 44
دفتر - office 49
معیشت - economy 51
پیشہ - occupations 53
ٹولز - tools 56
موسیقی نے آلات - musical instruments 57
چڑیا کھار - zoo 59
کھیڈنا - sports 62
کم - activities 63
کنبہ - family 67
جسم - body 68
ہسپتال - hospital 72
ایمرجنسی - emergency 76
زمین - Earth 77
گھڑی - clock 79
ہفتہ - week 80
سال - year 81
شکلاں - shapes 83
رنگ - colours 84
مخالف - opposites 85
اعداد - numbers 88
بولی - languages 90
کون/ کی / کیویں - who / what / how 91
کتھے - where 92

AF194509

Impressum
Verlag: BABADADA GmbH, Nedderfeld 112 , 22529 Hamburg
Geschäftsführer / Verlagsleitung: Harald Hof
Druck: Books on Demand GmbH, In de Tarpen 42, 22848 Norderstedt

Imprint
Publisher: BABADADA GmbH, Nedderfeld 112 , 22529 Hamburg, Germany
Managing Director / Publishing direction: Harald Hof
Print: Books on Demand GmbH, In de Tarpen 42, 22848 Norderstedt, Germany

1

سکول

school

تقسیم
divide
186/2
بورڈ
board
کلاس روم
classroom
سکول نا میدان
استاد
teacher
کاغذ
paper
لکھنا
write
قلم
pen
میز
desk
سکیل
ruler
کتاب
book
شاگرد
pupil

جزدان

satchel

پینسل دا ڈبہ

pencil case

پینسل

pencil

پینسل شارپنر

pencil sharpener

ربر

rubber

ڈرائنگ پیڈ

drawing pad

ڈرائنگ

drawing

پینٹ برش

paintbrush

پینٹ باکس

paint box

قینچی

scissors

گلو

glue

مشقی کتاب

exercise book

گھر دا کم

homework

عدد

number

جمع

add

تفریق

subtract

ضرب

multiply

کیلکولیٹ

calculate

خطرہ

letter

حروف تہجی

alphabet

لفظ

word

متن

text

پڑھنا

read

چاک

chalk

سبق

lesson

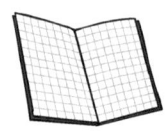

رجسٹر

register

امتحان

exam

سند

certificate

سکول نی وردی

school uniform

تعلیم

education

انسائیکلوپیڈیا

encyclopedia

یونیورسٹی

university

مائیکرو سکوپ

microscope

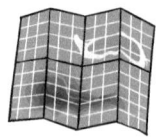

نقشہ

map

کچرے نا ڈبہ

paper bin

سفر

travel

Grand
hotel
ROOMS
باسٹل
hostel
CHANGE
ایکسچینج دفتر
bureau de change
سوٹ کیس
suitcase
کار
car

بولی

language

ہاں /نئیں

yes / no

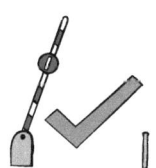

ٹھیک ہے

Okay

اسلام و علیکم

hello

ترجمان

translator

شکریہ

Thank you

ایہہ کنے نے ؟

how much does … cost?

می سمجھ نئیں رلی

I do not understand

مسئلہ

problem

اسلام و علیکم

Good evening!

اسلام و علیکم

Good morning!

اللہ حافظ

Good night!

اللہ نے حوالے

bye bye

سمت

direction

سامان

luggage

بیگ

bag

بیک پیک

backpack

مہمان

guest

کمرہ

room

سلیپنگ بیگ

sleeping bag

خیمہ

tent

سياح لئی معلومات

tourist information

ساحل سمندر

beach

کریڈٹ کارڈ

credit card

ناشتہ

breakfast

دوپہر نا کھانا

lunch

رات نا کھانا

dinner

ٹکٹ

ticket

لفٹ

lift

مہر

stamp

بارڈر

border

کسٹمز

customs

ایمبیسی

embassy

ویزا

visa

پاسپورٹ

passport

ٹرانسپورٹ

transport

جہاز
aeroplane
پانی آلا جہاز
ship
فائر انجن
fire engine
بس
bus
ٹرک
truck
موٹر بوٹ
motorboat
بائیک
bike
کار
car

فیری

ferry

کشتی

boat

موٹر بائیک

motorbike

پولیس کار

police car

ریسنگ کار

racing car

کرایہ نی گڈ

rental car

کار شئیرنگ

car sharing

بریک ڈاؤن ٹرک

breakdown truck

ریفیوز ٹرک

refuse truck

موٹر

motor

فیول

fuel

پٹرول سٹیشن

petrol station

ٹریفک سائن

traffic sign

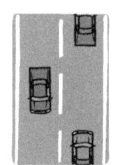

ٹریفک

traffic

ٹریفک جام

traffic jam

کار پارک

car park

ریل سٹیشن

train station

ٹریکس

tracks

ریل

train

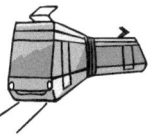

ٹرام

tram

کیرج

carriage

ہیلی کاپٹر

helicopter

ائر پورٹ

airport

مینار

tower

مسافر

passenger

کنٹینر

container

کاٹن

carton

چھکڑا

cart

بالٹی

basket

اڑنا / لہنا

take off / land

شہر

city

پنڈ

village

سٹی سینٹر

city centre

کھار

house

CINEMA
سینما
cinema
مشہوری
advert
سٹریٹ لیمپ
street light
گلی
street
ٹیکسی
taxi
سنیک شاپ
snack shop
پیدل چلن آلے
pedestrian
سلیب
pavement
کراسنگ
crossing
زیبرا کراسنگ
zebra crossing
بن
bin
ٹریفک لائیٹس
traffic lights

ہٹ

hut

فلیٹ

flat

ریل سٹیشن

train station

ٹاؤن ہال

town hall

میوزئیم

museum

سکول

school

یونیورسٹی

....

university

بنک

....

bank

ہسپتال

....

hospital

ہوٹل

....

hotel

فارمیسی

....

pharmacy

دفتر

....

office

کتب خانہ

....

book shop

ہٹی

....

shop

پھلاں الے

....

florist's

سپر مارکیٹ

....

supermarket

بازار

....

market

ڈیپارٹمنٹ سٹور

....

department store

مچھیرے

....

fishmonger's

شاپنگ سینٹر

....

shopping centre

بندرگاہ

....

harbour

پارک

park

بنچ

bench

پل

bridge

سیڑھیاں

stairs

انڈر گراؤنڈ

underground

ٹنل

tunnel

بس سٹاپ

bus stop

بار

bar

ریسٹورنٹ

restaurant

پوسٹ بکس

postbox

سٹریٹ سائن

road sign

پارکنگ میٹر

parking meter

چڑیا کھار

zoo

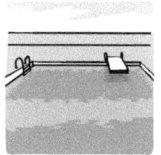

سوئمنگ پول

swimming pool

مسجد

mosque

city - شہر

فارم

farm

آلودگی

pollution

قبرستان

graveyard

چرچ

church

پلے گراؤنڈ

playground

مندر

temple

منظر

landscape

پتّہ
leaf

سائن پوسٹ
signpost

راہ
way

سر سبز میدان
meadow

پتھر
stone

درخت
tree

بانگر
hiker

دریا
river

کاہ
grass

پھول
flower

وادی

valley

پہاڑی

hill

نہر

lake

جنگل

forest

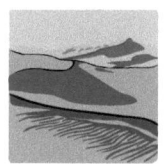

صحرا

desert

آتش فشاں

volcano

قلعہ

castle

رین بو

rainbow

کھمبی

mushroom

پام ٹری

palm tree

مچھر

mosquito

مکھی

fly

چیونٹا

ant

مکھی

bee

مکڑی

spider

منظر - landscape 15

بھونرا

beetle

مینڈک

frog

گلہری

squirrel

سیہہ

hedgehog

ساھیا

hare

الو

owl

پرندہ

bird

راج ہنس

swan

نر سور

boar

ہرن

deer

بارہ سنگا

moose

ڈیم

dam

ونڈ ٹربائن

wind turbine

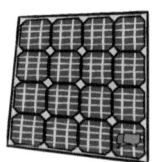

شمسی توانائی دا پینل

solar panel

آب و ہوا

climate

ریسٹورنٹ

restaurant

ویٹر
waiter
مینیو
menu
کرسی
chair
سوپ
soup
پیزا
pizza
میز نا کپڑا
tablecloth
پھانڈے
cutlery

سٹارٹر

starter

مین کورس

main course

ڈیزرٹ

dessert

مشروب

drinks

کھانا

food

بوتل

bottle

فاسٹ فوڈ

fast food

سٹریٹ فوڈ

street food

ٹی پاٹ

teapot

شوگر بول

sugar bowl

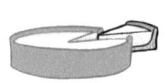

پورشن

portion

اسپریسو مشین

espresso machine

ہائی چئیر

high chair

بل

bill

ٹرے

tray

چھری

knife

کنڈا

fork

چمچ

spoon

ٹی سپون

teaspoon

تولیہ

serviette

گلاس

glass

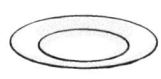

پلیٹ

plate

سوپ پلیٹ

soup plate

ساسر

saucer

چٹنی

sauce

نمک دانی

salt cellar

پیپر مل

pepper mill

سرکہ

vinegar

تیل

oil

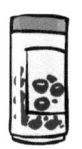

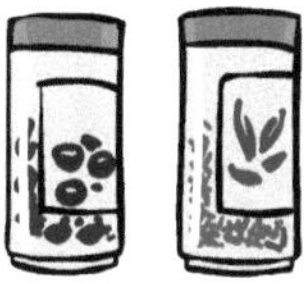

مصالحہ

spices

کیچپ

ketchup

سرہیئوں

mustard

مینیز

mayonnaise

سپر مارکیٹ

supermarket

سپیشل آفر
special offer
گاہک
customer
ڈیری
dairy
پھل
fruit
ٹرالی
trolley

قصائی

butcher´s

بیکرز

baker´s

وزن

weigh

سبزیاں

vegetables

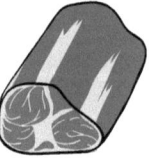

گوشت

meat

فروزن فوڈ

frozen food

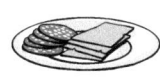

کولڈ گوشت

cold meat

ٹن فوڈ

tinned food

واشنگ پوڈر

washing powder

مٹھائی

sweets

کھار دیاں چیزاں

household products

صفائی آلی چیزاں

cleaning products

سیل مین

salesperson

ٹل

till

کیشئیر

cashier

شاپنگ لسٹ

shopping list

کھلن دا ویلا

opening hours

پرس

wallet

کریڈٹ کارڈ

credit card

بیگ

bag

پلاسٹک بیگ

plastic bag

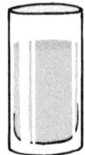

مشروب
drinks

پانی

water

جوس

juice

ددھ

milk

کوک

coke

شراب

wine

شراب

beer

شراب

alcohol

کوکا

cocoa

چا

tea

کافی

coffee

اسپریسو

espresso

کیپچینو

cappuccino

کھانا

food

کیلا

....

banana

سیب

....

apple

موسمبی

....

orange

تربوز

....

melon

نیمبو

....

lemon

گاجر

....

carrot

لہسن

....

garlic

بانس

....

bamboo

پیاز

....

onion

کھمبی

....

mushroom

میوے

....

nuts

نوڈلز

....

noodles

سپیگیٹی
....
spaghetti

چاول
....
rice

سلاد
....
salad

چپس
....
chips

تلے ہوئے آلو
....
fried potatoes

پیزا
....
pizza

ہیم برگر
....
hamburger

سینڈوچ
....
sandwich

تکے
....
cutlet

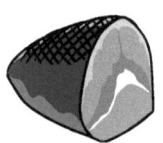

ہیم
....
ham

سلامی
....
salami

ساسج
....
sausage

مرغی
....
chicken

بھنیا ہویا
....
roast

مچھی
....
fish

جو نا دلیہ

porridge oats

مولی

muesli

کارن فلیکس

cornflakes

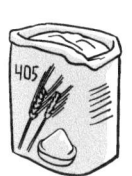

آٹا

flour

کرائسنٹ

croissant

بریڈ رول

bread roll

روٹی

bread

ٹوسٹ

toast

بسکٹ

biscuits

مکھن

butter

دہی

curd

کیک

cake

انڈا

egg

تلیا انڈا

fried egg

پنیر

cheese

آئس کریم

ice cream

چینی

sugar

شہد

honey

جام

jam

چاکلیٹ سپریڈ

chocolate spread

سالن

curry

فارم
farm

farmhouse
گودام
barn
ونڈا
straw bale
field
گھوڑا
horse
ٹرالی
trailer
ٹریکٹر
tractor
بچھیرا
foal
کھوتا
donkey
sheep
بھیڑ
lamb

بکری

goat

گاں

cow

بچھڑا

calf

سور

pig

پگ لیٹ

piglet

بل

bull

بطخ

goose

بطخ

duck

چوزہ

chick

مرغی

hen

مرغا

cock

چوہا

rat

بلی

cat

چوہا

mouse

بیل

ox

کتا

dog

کتے نا کھار

doghouse

لان نا پائپ

garden hose

پانی نا ڈبی

watering can

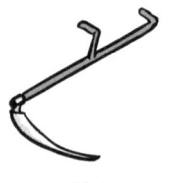

درانتی

scythe

ہل

plough

درانتی

sickle

ہو

hoe

ترنگل

pitchfork

کوہاڑی

axe

ریڑھی

wheelbarrow

ڈونگا

trough

ددھ نا ڈبہ

milk can

بورا

sack

باڑ

fence

اصطبل

stable

گرین ہاؤس

greenhouse

مٹی

soil

بیج

seed

کھاد

fertilizer

کمبائن ہارویسٹر

combine harvester

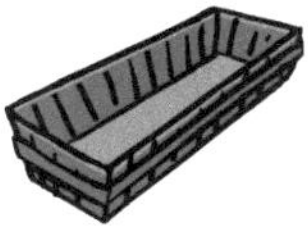

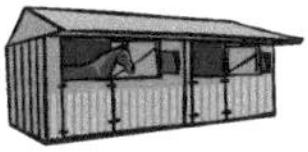

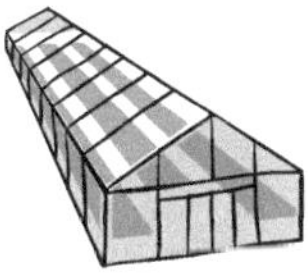

فصل

harvest

فصل

harvest

يامز

yams

کنک

wheat

سويا

soy

آلو

potato

مکئی

corn

تلى

rapeseed

پهلدار درخت

fruit tree

کاساوا

cassava

اناج

cereals

کھار
house

چمنی
chimney
چھت
roof
نالی
drain pipe
کھڑکی
window
گیراج
garage
دروازے نی گھنٹی
doorbell
دروازہ
door
کچرا دان
rubbish bin
لیٹر باکس
letterbox
باغ
garden

لونگ روم

living room

باته روم

bathroom

باورچہ خانہ

kitchen

بیڈروم

bedroom

بچیاں نا کمرہ

child's room

ڈائننگ روم

dining room

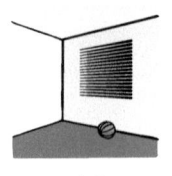

فرش

floor

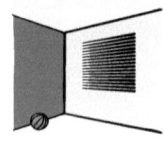

دیوار

wall

چھت

ceiling

سلہا

cellar

سوانا

sauna

بالکنی

balcony

ٹیرس

terrace

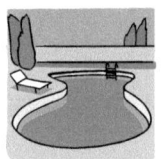

پول

pool

لان moور

lawn mower

شیٹ

sheet

بیڈ سپریڈ

bedspread

بیڈ

bed

جھاڑو

broom

بالٹی

bucket

سوئچ

switch

لونگ روم
living room

وال پیپر
wallpaper
تصویر
picture
لیمپ
lamp
شیلف
shelf
الماری
cupboard
ٹیلیویژن
television
آگ دان
fireplace
پھل
flower
کشن
cushion
صوفہ
sofa
گلدان
vase
ریموٹ کنٹرول
remote control

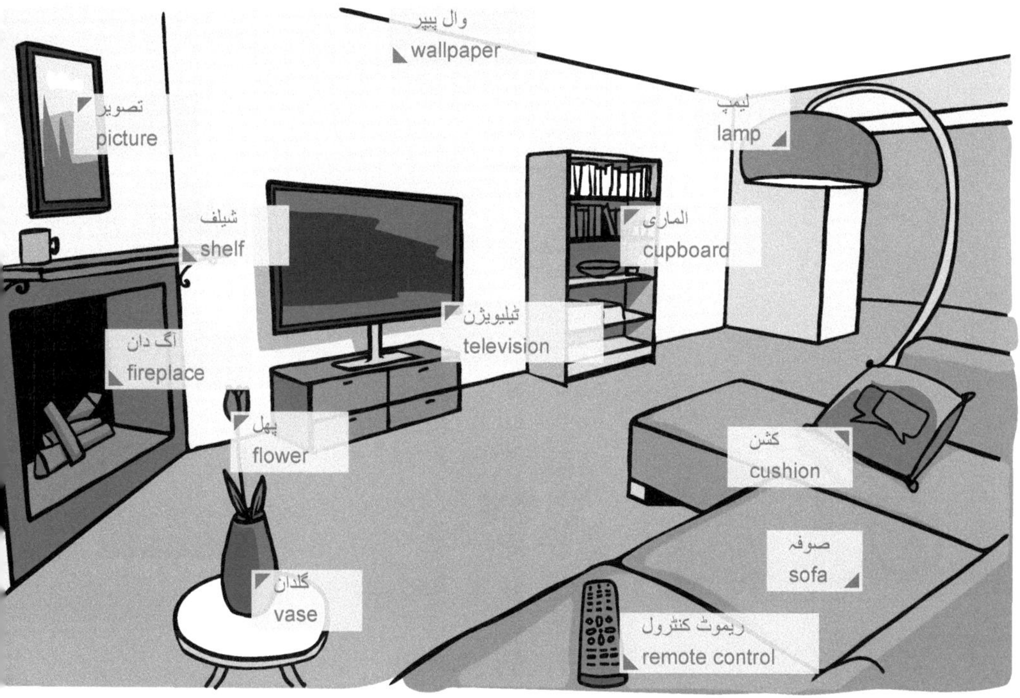

قالین

carpet

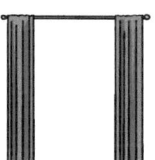

پردے

curtain

میز

table

کرسی

chair

راکنگ چئیر

rocking chair

آرم چئیر

armchair

کتاب

book

کمبل

blanket

ڈیکوریشن

decoration

کولے

firewood

فلم

film

ہائی فائی آلات

hi-fi equipment

چابی

key

اخبار

newspaper

پینٹنگ

painting

پوسٹر

poster

ریڈیو

radio

نوٹ پیڈ

notepad

ہوور

hoover

کیکٹس

cactus

موم بتی

candle

باورچہ خانہ
kitchen

فرج
fridge
مائیکرو ویو اوون
microwave oven
کچن سکیل
ٹوسٹر
toaster
صرف
detergent
اوون
oven
فریزر
freezer
کچرا دان
rubbish bin
پھانڈے دھون آلا
dishwasher

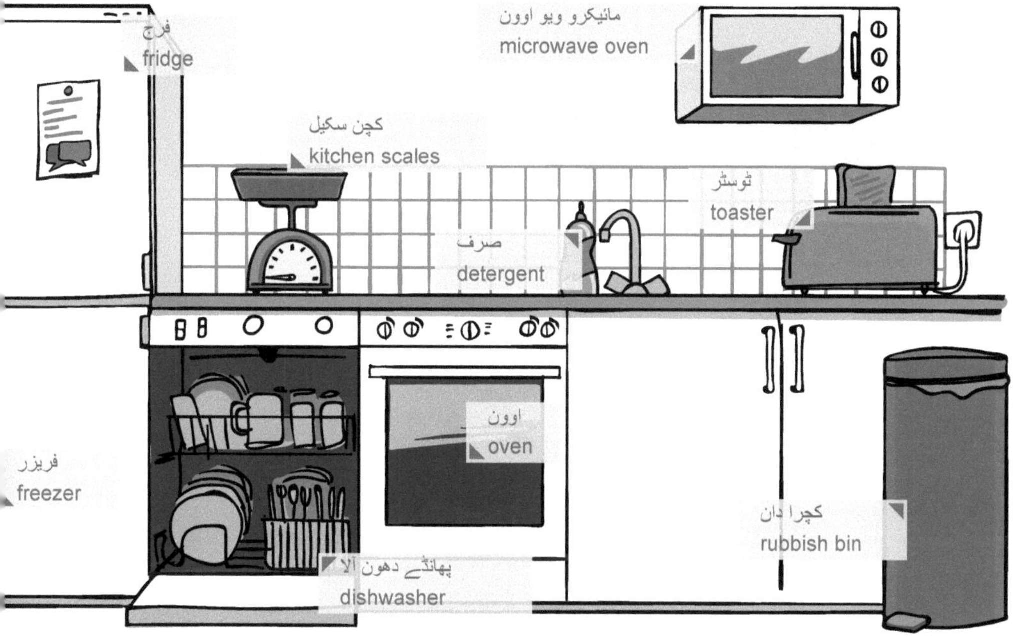

ککر

cooker

پاٹ

pot

کاسٹ آئرن پاٹ

cast-iron pot

ووک / کدائی

wok / kadai

پین

pan

کیتلی

kettle

سٹیمر

steamer

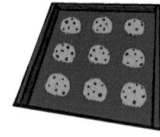

بیکنگ ٹرے

baking tray

پھانڈے

crockery

مگا

mug

پیالہ

bowl

چوپ سٹکس

chopsticks

کرچھل

ladle

اسپالی

spatula

پھینٹن آلا

whisk

چھننا

strainer

چھننی

sieve

جھاواں

grater

کھان پکان آلا چمچہ

mortar

باربی کیو

barbecue

چولھا

open fire

کٹنگ بورڈ

chopping board

رولنگ پن

rolling pin

کارک سکرو

corkscrew

کین

can

کین کھلون آلا

can opener

پاٹ پگڑن آلا

pot holder

سنک

sink

برش

brush

سپنج

sponge

بلینڈر

blender

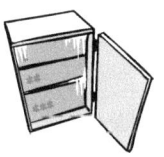

ڈیپ فریزر

deep freezer

بچے نی بوتل

baby bottle

ٹوٹی

tap

باتھ روم
bathroom

شاور
shower
heating
تولیہ
towel
شاور کرٹن
shower curtain
bubble bath
نہان آلا ٹب
bathtub
گلاس
glass
واشنگ مشین
washing machine
tiles
tap
پاخانہ
potty
سنک
sink

ٹوائلٹ
toilet

ٹوائلٹ
squat toilet

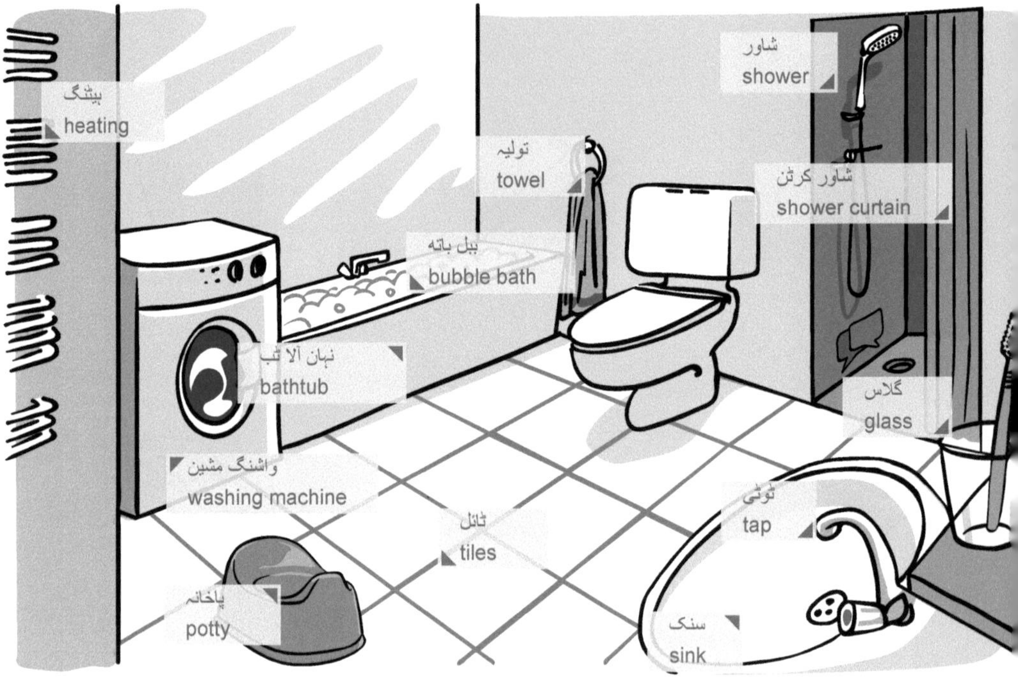

بڈت
bidet

پیشاب
urinal

ٹوائلٹ پیپر
toilet paper

ٹوائلٹ برش
toilet brush

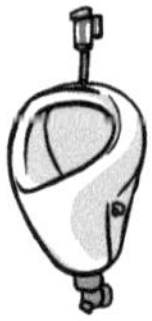

ٹوتھ برش

toothbrush

ٹوتھ پیسٹ

toothpaste

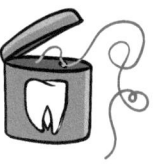

ڈینٹل فلاس

dental floss

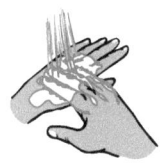

دھونا

wash

ہتھ وچ پھڑن آلا شاور

handheld shower

شاور

douche

بیسن

basin

بیک برش

back brush

صابن

soap

شاور جیل

shower gel

شیمپو

shampoo

فلالین

flannel

نالی

drain

کریم

cream

ڈیوڈرنٹ

deodorant

آئینہ

....

mirror

ہتھ آلا شیشہ

....

hand mirror

استرا

....

razor

شیونگ فوم

....

shaving foam

آفٹر سیو

....

aftershave

کنگھا

....

comb

برش

....

brush

ہئیر ڈرائر

....

hair dryer

ہئیر سپرے

....

hairspray

میک اپ

....

makeup

لپ سٹک

....

lipstick

ناخن نی وارنش

....

nail varnish

کاٹن وول

....

cotton wool

ناخن کتر

....

nail scissors

پرفیوم

....

perfume

واش بیگ

washbag

پاخانہ

stool

وزن دا پیمانہ

weighing scale

باتہ نی الماری

bathrobe

ربر نے دستانہ

rubber gloves

بفر

tampon

تولیہ سٹینڈ

sanitary towel

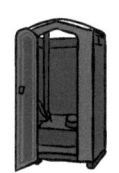

کیمیکل ٹوائلٹ

chemical toilet

بچیاں نا کمرہ

child's room

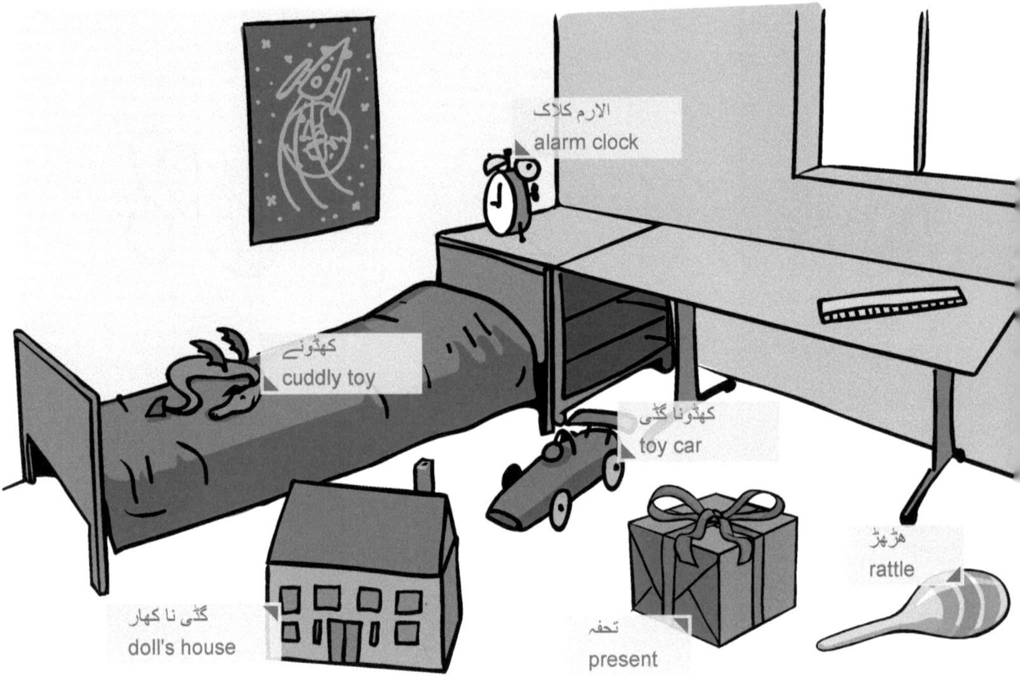

الارم کلاک
alarm clock
کھڈونے
cuddly toy
کھڈونا گڈی
toy car
ھڑھڑ
rattle
گڈی نا کھار
doll's house
تحفہ
present

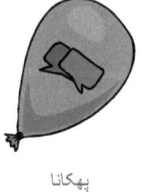

پھکانا

balloon

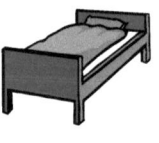

بیڈ

bed

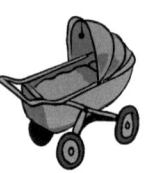

پرام

pram

تاش نے پتے

deck of cards

جگ سا

jigsaw

SUPER MEGA

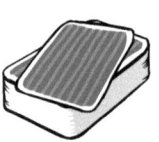

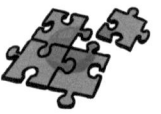

کامک

comic

لیگو برکس

lego bricks

بلڈنگ بلاکس

building blocks

کھڈونا

action figure

بےبی گرو

romper suit

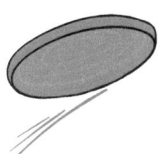

فرزوی

Frisbee

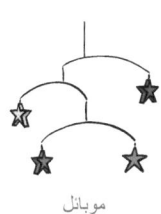

موبائل

mobile

بورڈ گیم

board game

ڈائس

dice

ماڈل ٹرن سیٹ

model train set

ڈمی

dummy

پارٹی

party

تصویری کتاب

picture book

گیند

ball

گڈی

doll

کھیڈنا

play

سینڈ پٹ

sandpit

جھولا

swing

کھڈونے

toys

ویڈیو گیم کنسول

video game console

ٹرائی سائیکل

tricycle

ٹیڈی بئیر

teddy bear

الماری

wardrobe

کپڑے
clothing

جراباں

socks

جراباں

stockings

ٹائٹس

tights

سکارف
scarf

چھتری
umbrella

ٹی شرٹ
t-shirt

بیلٹ
belt

بوٹ
boots

سلیپر
slippers

جوگر
trainers

سینڈل
sandals

جوتی
shoes

ربر نے جوتی
rubber boots

انڈر ونیر
underpants

برا
bra

بنیان
vest

کپڑے - clothing   45

جسم

body

پاجامہ

trousers

جینز

jeans

سکرٹ

skirt

برا

blouse

قمیض

shirt

سوئیٹر

pullover

بوڈی

hoodie

کوٹ

blazer

جیکٹ

jacket

کوٹ

coat

برساتی

raincoat

کاسٹیوم

costume

کپڑے

dress

شادی نا جوڑا

wedding dress

سوٹ

suit

راتے نے کپڑے

nightgown

پاجامہ

pyjamas

ساڑھی

sari

سکارف

headscarf

پگڑی

turban

برقعہ

burqa

کفتان

kaftan

برقعہ

abaya

نہان والے کپڑے

swimsuit

انڈروئیر

trunks

نیکر

shorts

ٹریک سوٹ

tracksuit

دھوتی

apron

دستانے

gloves

بٹن

button

چشمہ

glasses

بریسلیٹ

bracelet

ہار

necklace

انگوٹھی

ring

کنڈے

earring

ٹوپی

cap

کوٹ ہینگر

coat hanger

ٹوپی

hat

ٹائی

tie

زپ

zipper

ہیلمٹ

helmet

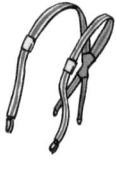

بریسز

braces

سکول نی وردی

school uniform

وردی

uniform

بِب
....
bib

ڈمی
....
dummy

ناپی
....
nappy

دفتر

office

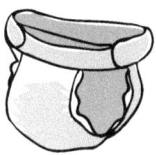

سرور
server

فائلاں نے الماری
filing cabinet

پرنٹر
printer

کاغذ
paper

مانیٹر
monitor

میز
desk

ماؤس
mouse

فولڈر
folder

کی بورڈ
keyboard

کچرے نا ڈبہ
paper bin

کمپیوٹر
computer

کرسی
chair

کافی مگ
....
coffee mug

کیلکولیٹر
....
calculator

انٹرنیٹ
....
internet

لیپ ٹاپ

....

laptop

خط

....

letter

پیغام

....

message

موبائل

....

mobile

نیٹ ورک

....

network

فوٹو کاپئیر

....

photocopier

سافٹ وئیر

....

software

ٹیلیفون

....

telephone

پلگ ساکٹ

....

plug socket

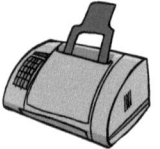

فکس مشین

....

fax machine

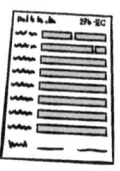

فارم

....

form

دستاویزات

....

document

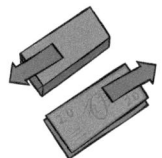

معیشت
economy

خریدنا

buy

ادا کرنا

pay

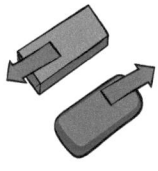

تجارت

trade

پیسہ

money

ڈالر

dollar

یورو

euro

ین

yen

ربل

rouble

سویس فرانک

Swiss franc

رینمینبی یوان

renminbi yuan

روپیہ

rupee

کیش پوائنٹ

cashpoint

ایکسچینج دفتر

bureau de change

سونا

gold

چاندی

silver

تیل

oil

توانائی

energy

قیمت

price

معاہدہ

contract

ٹیکس

tax

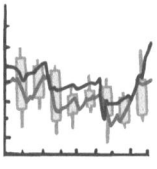

سٹاک

stock

کم

work

ملازم

employee

آجر

employer

فیکٹری

factory

ہٹی

shop

پیشہ
occupations

پلس افسر
police officer
اگ بجھان آلا
fireman
کک
cook
ڈاکٹر
doctor
پائلٹ
pilot

مالی

gardener

برھئی

carpenter

درزن

seamstress

جج

judge

کیمسٹ

chemist

ایکٹر

actor

بس ڈرائیور

bus driver

ٹیکسی ڈرائیور

taxi driver

مچھیرا

fisherman

صفائی آلی جنانی

cleaning lady

روفر

roofer

ویٹر

waiter

شکاری

hunter

پینٹر

painter

بیکری آلا

baker

الیکٹریشن

electrician

تعمیرات آلا

builder

انجینئیر

engineer

قصائی

butcher

پلمبر

plumber

پوسٹ مین

postman

سپاہی

soldier

آرکیٹیکٹ

architect

کیشئیر

cashier

پھلاں آلا

florist

نائی

hairdresser

کنڈکٹر

conductor

مکینک

mechanic

کپتان

captain

دندان ساز

dentist

سائنس دان

scientist

ربائی

rabbi

امام

imam

راہب

monk

انگریز

clergyman

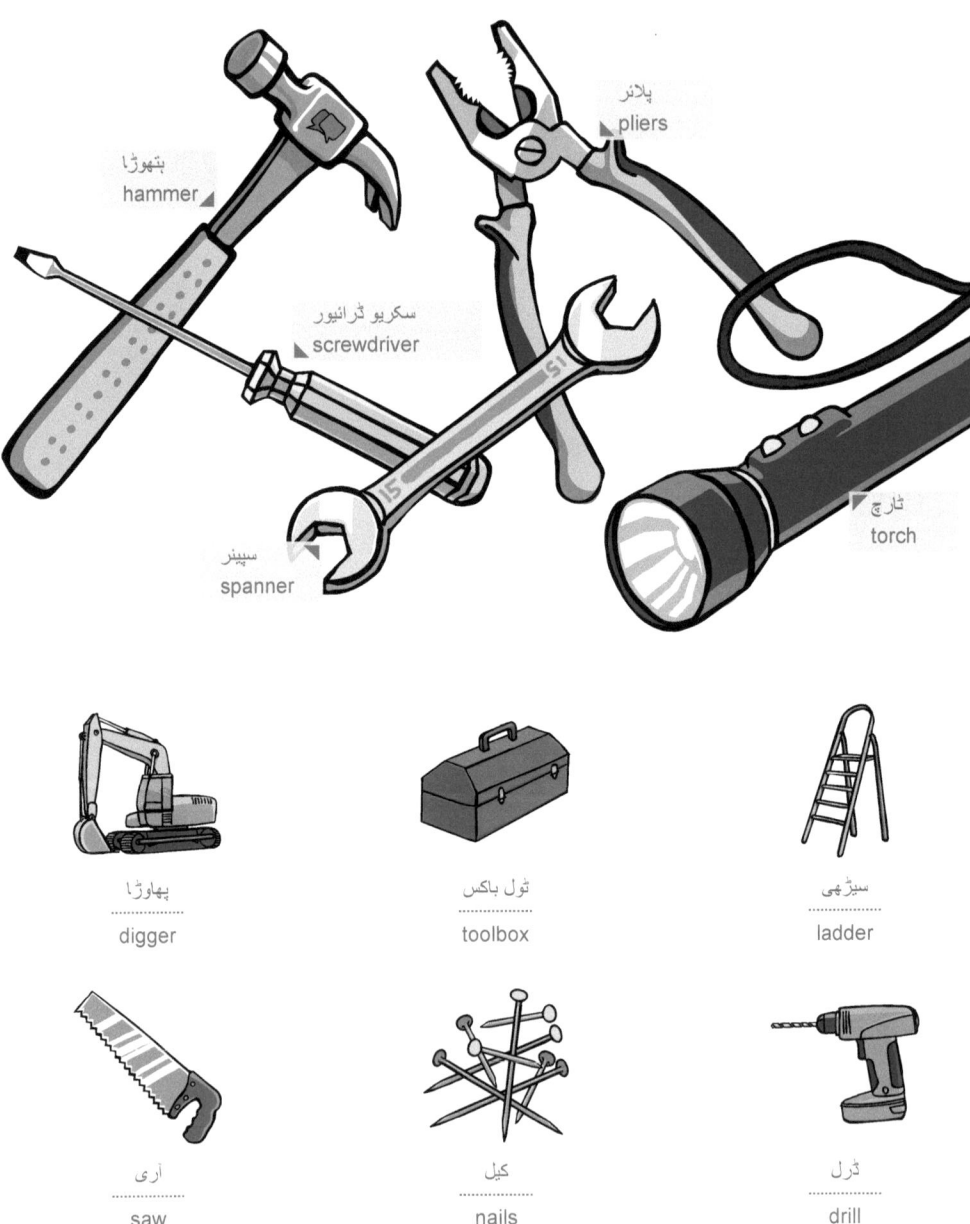

ٹولز
tools

ہتھوڑا
hammer
پلائر
pliers
سکریو ڈرائیور
screwdriver
سپینر
spanner
ٹارچ
torch

پھاوڑا

digger

ٹول باکس

toolbox

سیڑھی

ladder

آری

saw

کیل

nails

ڈرل

drill

مرمت

repair

شاول

shovel

لعنت!

Damn!

ڈسٹ پین

dustpan

پینٹ پاٹ

paint pot

سکریوز

screws

موسیقی نے آلات

musical instruments

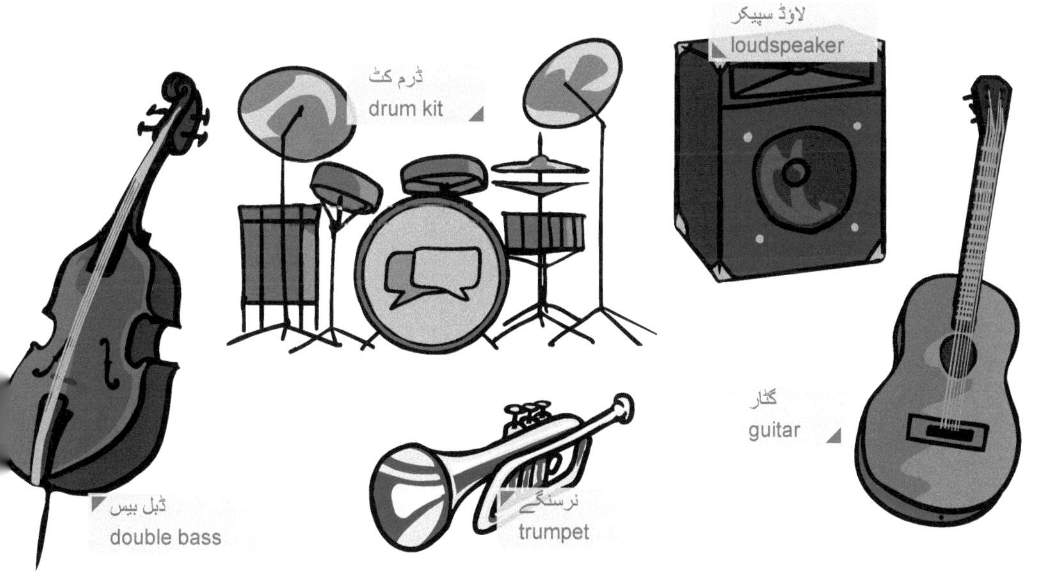

لاؤڈ سپیکر
loudspeaker
ڈرم کٹ
drum kit
گٹار
guitar
ڈبل بیس
double bass
نرسنگے
trumpet

پیانو

piano

وائلن

violin

بیس

bass

ٹمپانی

timpani

ڈرمز

drums

کی بورڈ

keyboard

سیگزوفون

saxophone

بانسری

flute

مائکروفون

microphone

چڑیا کھار

ZOO

داخلہ
entrance
چیتا
tiger
پنجرہ
cage
زیبرا
zebra
جانوراں دا کھانا
animal feed
پانڈا
panda

جانور

animals

ہاتھی

elephant

کینگرو

kangaroo

گینڈا

rhino

گوریلا

gorilla

ریچھ

bear

اونٹ

camel

شترمرغ

ostrich

شیر

lion

باندر

monkey

فلیمنگو

flamingo

طوطا

parrot

برفانی ریچھ

polar bear

پینگوئین

penguin

شارک

shark

مور

peacock

سپ

snake

مگرمچھ

crocodile

چڑیا گھر دا رکھوالا

zookeeper

سیل

seal

جیگوار

jaguar

پونی

pony

لیپرڈ

leopard

ہپو

hippo

زرافہ

giraffe

چیل

eagle

نر سور

boar

مچھی

fish

کیچھوا

turtle

والرس

walrus

لومبڑ

fox

گیزل

gazelle

sports

امریکن فٹابل
American football
سائکلنگ
cycling
ٹینس
tennis
باسکٹ بال
basketball
سوئیمنگ
swimming
باکسنگ
boxing
آئس ہاکی
ice hockey

فٹبال

football

بیڈ منٹن

badminton

ایتھلیٹکس

athletics

ہینڈ بال

handball

سکیینگ

skiing

پولو

polo

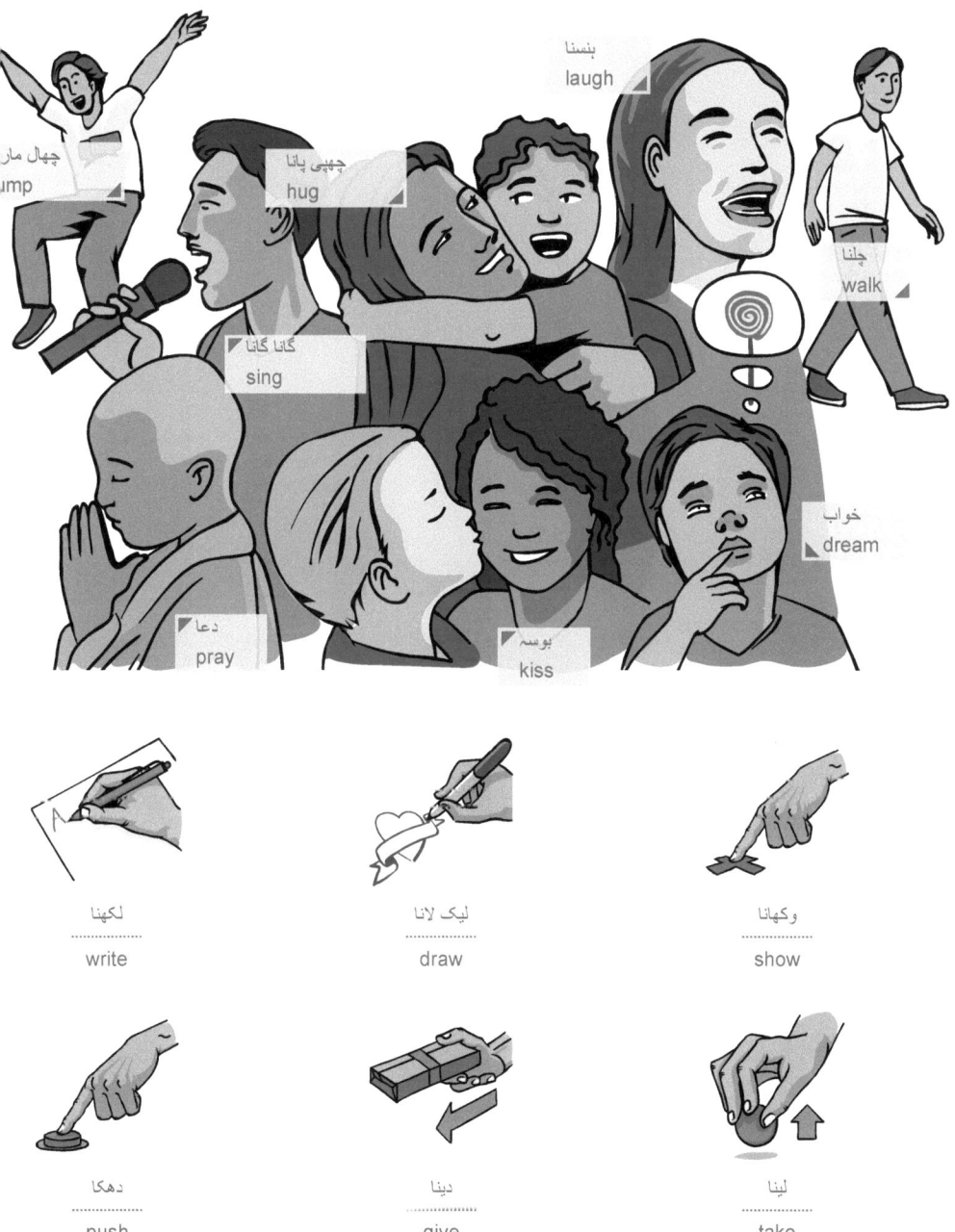

چھال مار
jump

بنسنا
laugh

چپی پانا
hug

گانا گانا
sing

چلنا
walk

دعا
pray

بوسہ
kiss

خواب
dream

لکھنا
....
write

لیک لانا
....
draw

وکھانا
....
show

دھکا
....
push

دینا
....
give

لینا
....
take

ہے وے

have

کرنا

do

ہو

be

کھلونا

stand

دوڑنا

run

چیھکنا

pull

سٹنا

throw

ٹھینا

fall

جھوٹ

lie

انتظار

wait

چکنا

carry

بیھنا

sit

کپڑے پانا

get dressed

سونا

sleep

جاگنا

wake up

ویکھنا

look at

رونا/چلانا

cry

سٹروک

stroke

کنگھا

comb

گل کرنا

talk

سمجھنا

understand

پوچھنا/دسنا

ask

سننا

listen

پینا

drink

کھانا

eat

تیار ہونا

tidy up

محبت

love

پکانا

cook

گڈی چلانا

drive

اڈنا

fly

سمندری سفر

sail

کیلکولیٹ

calculate

پڑھنا

read

سیکھنا

learn

کم

work

شادی

marry

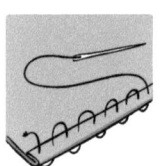

سیونا

sew

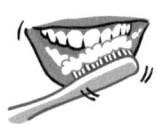

دند صاف

brush teeth

قتل

kill

دھواں

smoke

بھیجنا

send

کنبہ
family

دادی
grandmother
دادا
grandfather
پیو
father
ماں
mother
بچہ
baby
دھی
daughter
پتر
son

مہمان

guest

ماسی / پھو

aunt

چاچا/ماما

uncle

بھرا

brother

بہن

sister

جسم

body

متھا
forehead
اکھ
eye
منڈھے
shoulder
انگلی
finger
منه
face
ٹھوڑی
chin
hand
چھاتی
breast
لت
leg
بانہ
arm

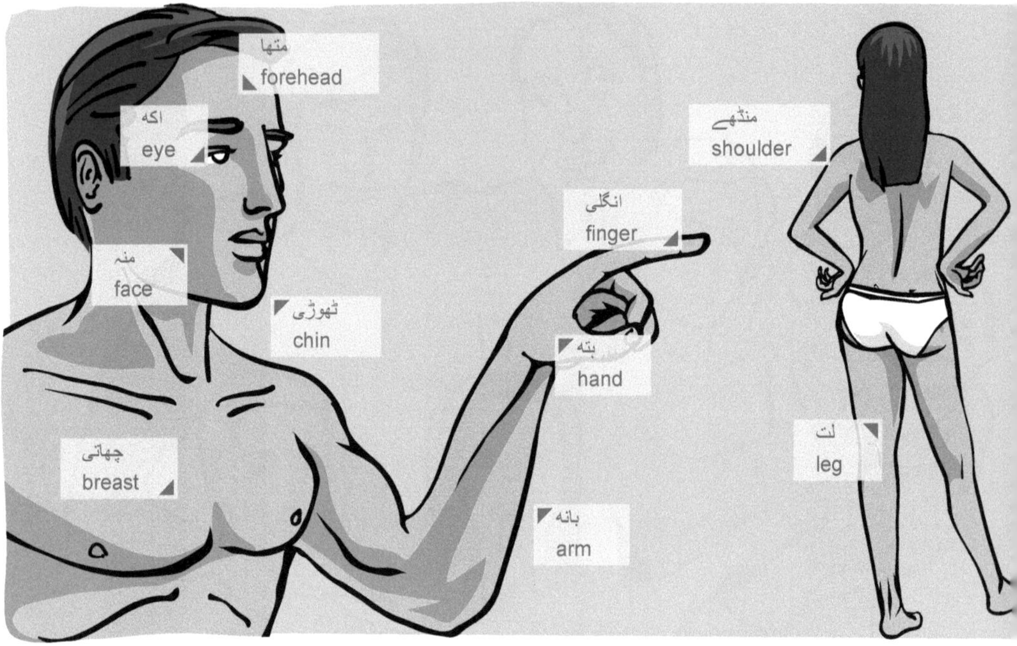

بچہ

baby

بندہ

man

جنانی

woman

کڑی

girl

مڑا

boy

سر

head

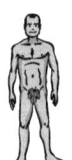

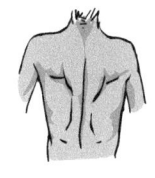

كمر

back

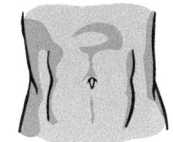

ٹھڈ

belly

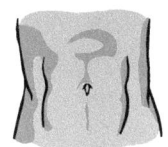

تھنی

belly button

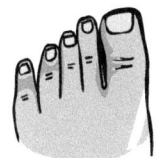

پنجہ

toe

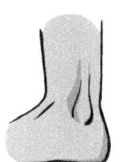

اڈی

heel

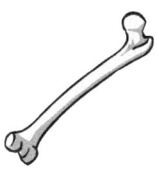

ہڈ

bone

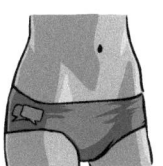

کولہے

hip

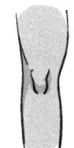

گوڈے

knee

کہنی

elbow

نک

nose

زیر جامہ

bottom

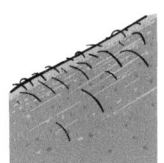

کھل

skin

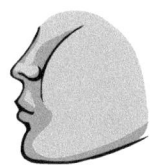

گلاں

cheek

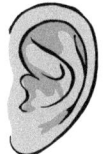

کن

ear

بل

lip

منہ

mouth

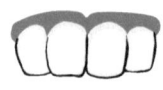

دند

tooth

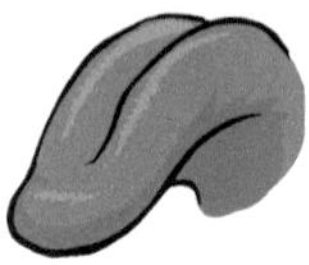

زبان

tongue

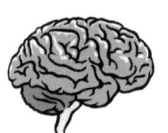

دماغ

brain

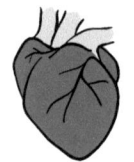

دل

heart

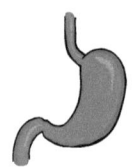

پٹھے

muscle

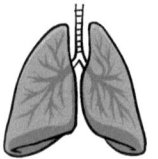

پھیپڑے

lung

جگر

liver

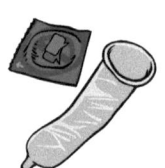

ٹھڈ

stomach

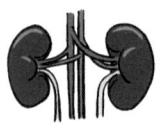

گردے

kidneys

جنس

sex

کنڈم

condom

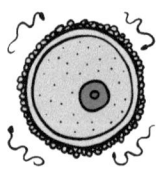

انڈے

ovum

منی

semen

حمل

pregnancy

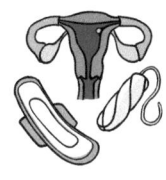

حیض

menstruation

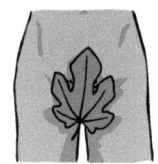

اندام نهانی

vagina

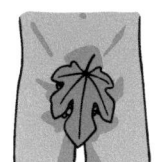

عضو تناسل

penis

بهوں

eyebrow

بال

hair

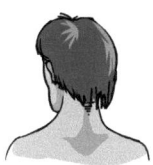

گردن

neck

ہسپتال
hospital

ہسپتال
hospital
ایمبولنس
ambulance
وھیل چئیر
wheelchair
فریکچر
fracture

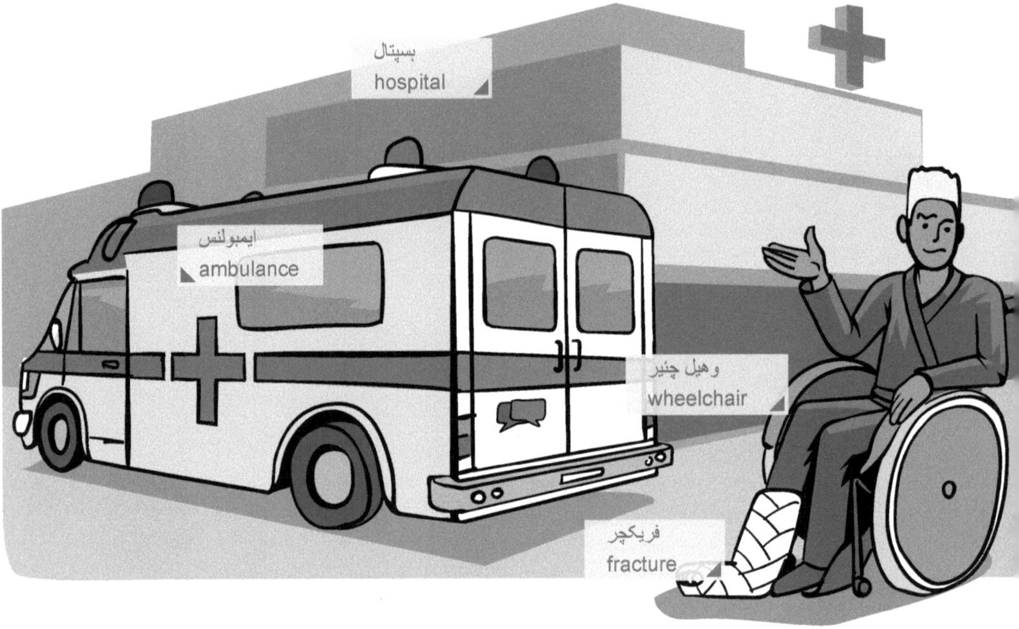

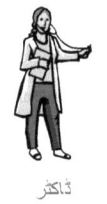

ڈاکٹر
doctor

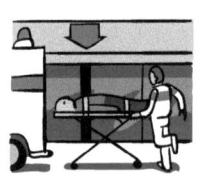

ہنگامی کمرہ
emergency room

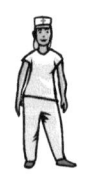

نرس
nurse

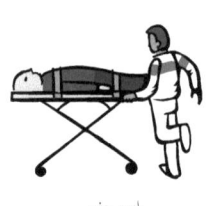

ایمرجنسی
emergency

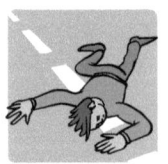

بے ہوش
unconscious

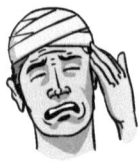

درد
pain

سٹ

injury

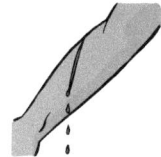

خون نکلنا

bleeding

دل نا دورہ

heart attack

فالج

stroke

الرجی

allergy

کھنگ

cough

تپ

fever

نزلہ

flu

اسہال

diarrhoea

سر درد

headache

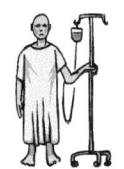

کینسر

cancer

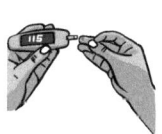

شوگر(ذیابطس)

diabetes

سرجن

surgeon

سکیلیپل

scalpel

آپریشن

operation

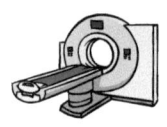

سی ٹی

CT

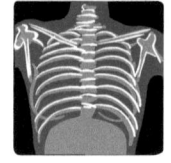

ایکسرے

x-ray

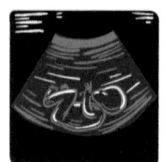

الٹرا ساؤنڈ

ultrasound

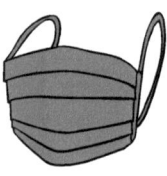

چہرہ نا ماسک

face mask

بماری

disease

انتظار گاہ

waiting room

بیساکھی

crutch

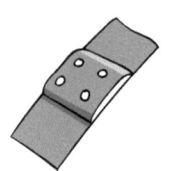

پلستر

plaster

پٹی

bandage

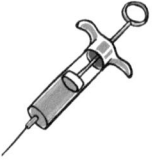

ٹیکہ

injection

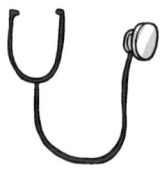

سٹیتھوسکوپ

stethoscope

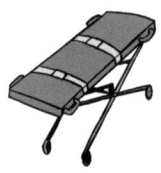

اسٹریچر

stretcher

کلینکل تھرمومیٹر

clinical thermometer

پیدائش

birth

زائد الوزن

overweight

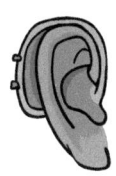

سنن لئی آلہ

hearing aid

جراثیمم کش

disinfectant

متعدی مرض

infection

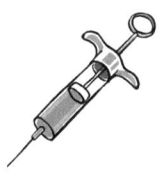

وائرس

virus

HIV/AIDS

HIV / AIDS

دوائی

medicine

ویکسینیشن

vaccination

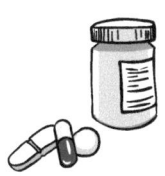

گولیاں

tablets

گولی

pill

ہنگامی کال

emergency call

بلڈ پریشر مانیٹر

blood pressure monitor

بیمار / صحتمند

sick / healthy

ایمرجنسی
emergency

مدد!

....

Help!

الارم

....

alarm

حملہ

....

assault

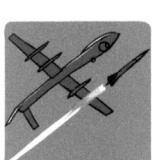

حملہ

....

attack

خطرہ

....

danger

ہنگامی اخراج

....

emergency exit

اگ!

....

Fire!

اگ بجاھن والا آلہ

....

fire extinguisher

حادثہ

....

accident

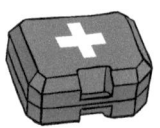

فرسٹ ایڈ کٹ

....

first-aid kit

SOS

....

SOS

پلس

....

police

زمین
Earth

یورپ
....
Europe

شمالی امریکہ
....
North America

جنوبی امریکہ
....
South America

افریقہ
....
Africa

ایشیاء
....
Asia

آسٹریلیا
....
Australia

اٹلانٹک
....
Atlantic

پیسیفک
....
Pacific

بحیرہ ہند
....
Indian Ocean

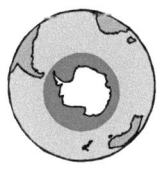

بھیرہ انٹارکٹک
....
Antarctic Ocean

بھیرہ آرکٹیک
....
Arctic Ocean

قطب شمالی
....
North Pole

قطب جنوبی

....

South Pole

انٹارکٹیکا

....

Antarctica

زمین

....

Earth

خشکی

....

land

سمندر

....

sea

جزیرہ

....

island

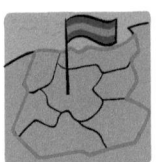

قوم

....

nation

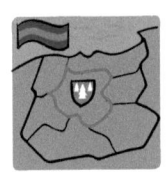

ریاست

....

state

گھڑی
clock

کلاک فیس

clock face

نکی سوئی

hour hand

وڈی سوئی

minute hand

سیکنڈ ہینڈ

second hand

کی ٹائم ہویا اے؟

What time is it?

دن

day

وقت

time

ہون

now

ڈیجیٹل گھڑی

digital watch

منٹ

minute

گھنٹہ

hour

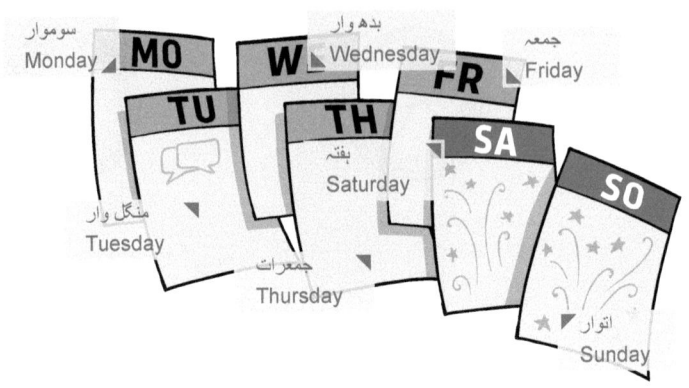

سوموار
Monday

MO

بدھ وار
Wednesday

W

جمعہ
Friday

FR

TU

TH

SA

SO

منگل وار
Tuesday

ہفتہ
Saturday

جمعرات
Thursday

اتوار
Sunday

کل
....
yesterday

اج
....
today

کل
....
tomorrow

سویر
....
morning

دوپہر
....
noon

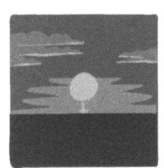

شام
....
evening

کاروباری دن
....
business days

ویک اینڈ
....
weekend

سال

year

بارش
rain
رین بو
rainbow
ہوا
wind
برف
snow
بہار
spring
گرمی
summer
خزاں
autumn
سردی
winter

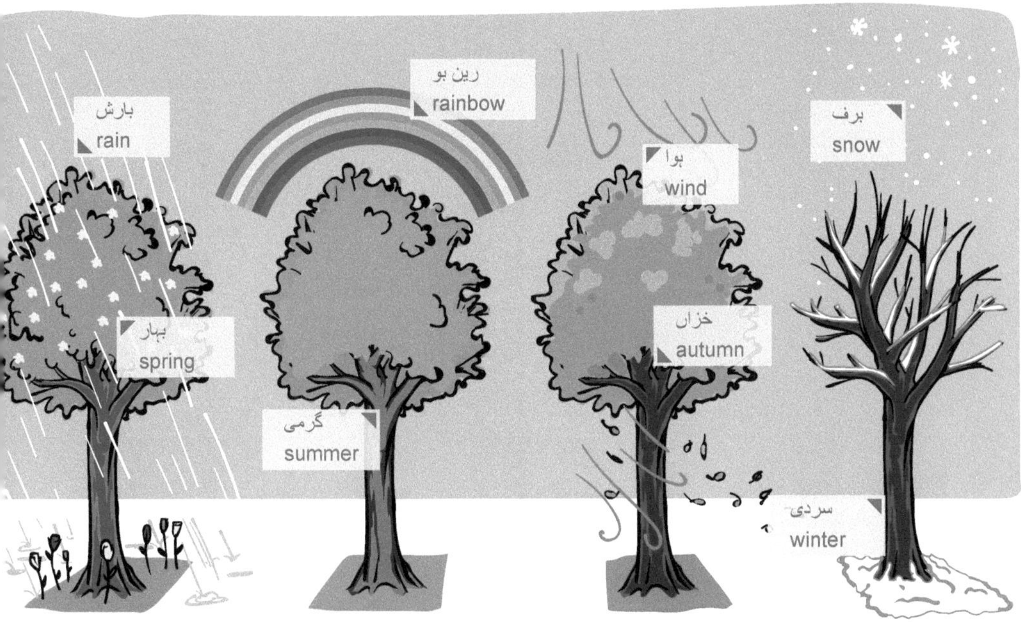

موسمی پیشگوئی

weather forecast

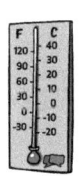

تھرمامیٹر

thermometer

سورج نے چمک

sunshine

بدل

cloud

دھند

fog

نمی

humidity

بجلی کڑکنا

lightning

گرج

thunder

نہیری

storm

اولے

hail

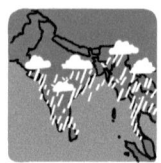

ساون

monsoon

سیلاب

flood

برف

ice

جنوری

January

فروری

February

مارچ

March

اپریل

April

مئی

May

جون

June

جولائی

July

اگست

August

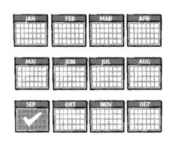

ستمبر
....
September

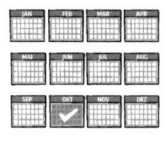

اکتوبر
....
October

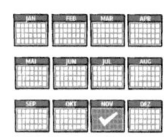

نومبر
....
November

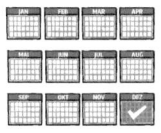

دسمبر
....
December

شکلاں

shapes

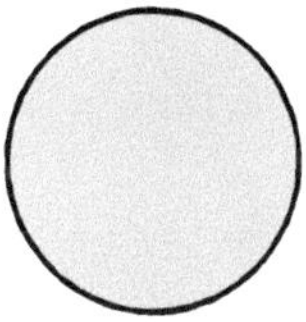

گول
....
circle

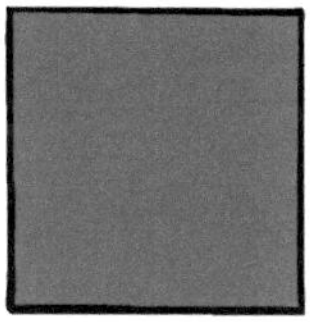

چوکور
....
square

مستطیل
....
rectangle

مثلث
....
triangle

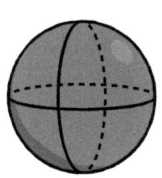

دائره نما
....
sphere

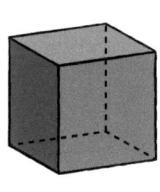

مکعب
....
cube

رنگ

colours

چٹا

white

پیلا

yellow

نارنجی

orange

گلابی

pink

رتا

red

جامنی

purple

نیلا

blue

ہرا

green

کتھئی

brown

سرمئی

grey

کالا

black

زیادہ / گھٹ
a lot / a little

ناراض / پرسکون
angry / calm

خوبصورت / بدصورت
beautiful / ugly

ابتداء / اختتام
beginning / end

وڈا / نکا
big / small

روشن / نھیرا
bright / dark

بھرا / بہن
brother / sister

صاف / گندا
clean / dirty

مکمل / نا مکمل
complete / incomplete

دن / رات
day / night

مردہ / اندہ
dead / alive

چوڑا / تنگ
wide / narrow

خوردنی / ناقابل خوردنی

edible / inedible

پھیڑا / چنگا

evil / nice

خوش / ناخوش

excited / bored

موٹا / پتلا

fat / thin

پہلا / آخری

first / last

دوست / دشمن

friend / enemy

بھریا / خالی

full / empty

سخت / نرم

hard / soft

بھاری / ہلکا

heavy / light

بھوک / پیاس

hunger / thirst

بیمار / صحتمند

sick / healthy

قانونی / غیر قانونی

illegal / legal

ذہین / بیوقوف

intelligent / stupid

کھبا / سجا

left / right

کولے / دور

near / far

نواں / پرانا

....

new / used

کجھ نئیں / سب کجھ

....

nothing / something

بڈھا / جوان

....

old / young

کھولنا / بند کرنا

....

on / off

کھولنا / بند کرنا

....

open / closed

خاموشی / شور

....

quiet / loud

امیر / غریب

....

rich / poor

درست / غلط

....

right / wrong

کھردرا / ہموار

....

rough / smooth

افسردہ / خوش

....

sad / happy

نکا / لما

....

short / long

آہستہ / تیز

....

slow / fast

گیلا / خشک

....

wet / dry

گرم / ٹھنڈا

....

warm / cool

جنگ / امن

....

war / peace

اعداد

numbers

0

صفر

zero

1

اک

one

2

دو

two

3

تن

three

4

چار

four

5

پنج

five

6

چه

six

7

ست

seven

8

اٹه

eight

9

نو

nine

10

دس

ten

11

یاراں

eleven

12

باراں

twelve

13

تیراں

thirteen

14

چودا

fourteen

15

پندرہ

fifteen

16

سولہ

sixteen

17

ستاراں

seventeen

18

اٹھاراں

eighteen

19

انیہ

nineteen

20

وی

twenty

100

سو

hundred

1.000

ہزار

thousand

1.000.000

ملین

million

بولی

languages

انگریزی

English

امریکی انگریزی

American English

چینی مینڈیرین

Mandarin Chinese

ہندی

Hindi

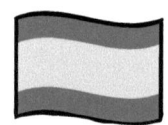

سپینش

Spanish

فرینچ

French

عربی

Arabic

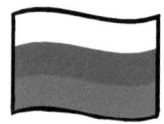

رشئین

Russian

پرتگالی

Portuguese

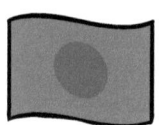

بنگالی

Bengali

جرمن

German

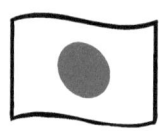

جاپانی

Japanese

کون/ کی / کیویں

who / what / how

میں

I

توں

you

وہ/وہ/ایہہ

he / she / it

اسیں

we

توں

you

او

they

کون؟

who?

کی؟

what?

کیویں؟

how?

کتھے؟

where?

کدوں؟

when?

HELLO, I AM

ناں

name

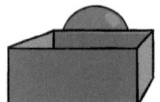

کتھے
where

پچھے

behind

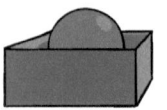

وچ

in

نے سامنے

in front of

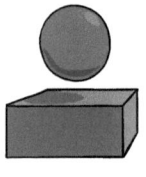

تے

over

تے

on

ہیٹھ

under

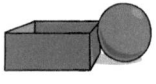

سوا

beside

مابین

between

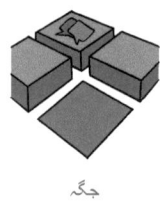

جگہ

place